Koi Karpfen

halten für Einsteiger

Von der Anschaffung bis zur idealen Haltung, Pflege und Fütterung Ihrer Koikarpfen

Markus Prell

INHALT

Das erwartet Sie in diesem Buch 1

Der Koi-Karpfen – eine eigene Kultur 4

Was ist vor der Anschaffung zu überdenken 7

Wie soll das neue Zuhause aussehen und wo soll es
sich befinden? 10

Größe und Tiefe des Teiches 16

Der richtige Filter 21

Warum eine Teichheizung? 24

Koiteich anlegen – Schritt für Schritt 27

Andere Bewohner im Koiteich 32

Woher bekomme ich den Koi? 34

Wie verhält sich ein Koi? 38

Die unterschiedlichen Arten des Koi und woher sie
stammen 40

Fütterung 48

Die Anatomie des Koi 53

Welche Krankheiten gibt es und wie erkenne ich,
dass mein Koi krank ist? 58

Die richtige Behandlung 65

Nachwuchs ist angesagt 68

Anleitung zur Anzucht 73

Was ist beim Kauf und Verkauf zu beachten? 74

Das Aussetzen von Teichfischen 78

Der Tod des Koi 80

Schlusswort 82

Das erwartet Sie in diesem Buch

Das Halten von Koi ist nicht mit dem Halten von anderen Fischen zu vergleichen. Auch wenn zum Beispiel größere Goldfische dem Koi ähnlich sein können und sogar der Koi als der große Bruder vom Goldfisch bezeichnet wird, so sind doch in der Haltung, Pflege und Fütterung sehr große Unterschiede vorhanden. Haben Sie nicht auch schon mal in einem Restaurant einen Innenteich mit diesen herrlichen Tieren gesehen und Sie haben sich gefragt: „Wo kommen eigentlich diese Tiere her? Und warum werden diese in einem Teich im Innenraum gehalten? Gehören sie nicht eigentlich in die freie Natur?" Also ich muss zugeben, ich habe mir diese Fragen immer wieder in dem chinesischen Restaurant, in dem ich oft gegessen haben, gestellt. Und dann eines Tages habe ich mich über Koi informiert und möchte Ihnen dieses Wissen nun weitergeben.

Es erfordert bei der Haltung von Koi einiges an Erfahrung, die richtige Umgebung und nicht zuletzt eine gesicherte finanzielle Existenz. Wenn man sich über den Preis eines Koi informiert, je nachdem, für welche Variante man sich entschieden hat, so kann einen diese Information erst einmal vom Sockel hauen. Aber keine Angst, es gibt auch erschwingliche Koi-Arten. Wenn man sich dann wieder beruhigt hat und diesen Preis bezahlen kann, dann kann man sich weitere Gedanken machen, welche Kosten als Nächstes bewerkstelligt werden müssten. Es muss der Teich gebaut werden und es müssen die Kosten für Futter und den Tierarzt einkalkuliert werden. Alles in allem begibt man sich beim Kauf eines Koi in eine jahrzehntelange finanzielle Verantwortung, dessen muss man sich bewusst sein.

In diesem Buch werde ich Sie, als eventuellen zukünftigen Besitzer dieser prachtvollen Tiere, über unterschiedliche Haltungsmöglichkeiten, die Pflege, die Fütterung etc., informieren. Freuen Sie sich über eine Fülle abwechslungsreicher und nützlicher Informationen.

Der Koi-Karpfen –
eine eigene Kultur

In der japanischen Kultur sind Stärke, Ausdauer, Strebsamkeit tief verankert und der Koi-Karpfen visualisiert genau diese Werte. Auch Reichtum, Glück und Erfolg verbindet man mit dem Koi, und zwar wegen seines glitzernden Schuppenkleides und seiner vielen unterschiedlichen Farben. Auf vielen Alltagsgegenständen findet man den Koi, zum Beispiel auf Wandbehängen, auf Geschirr oder Kleidung.

Vielleicht haben Sie auch schon mal die „Windkoi" gesehen. In Japan gibt es den traditionellen Kindertag, der am 5. Mai stattfindet. An diesem Tag hängen die Familien vor ihrem Haus „Windkois" auf, die wie eine Fahne im Wind wehen und den Frühling willkommen heißen. Hier gibt es dann eine bestimmte Reihenfolge. Ganz oben hängen die Windkoi der Eltern, darunter folgen dann die der Töchter und Söhne. Früher war es so, dass nur die Jungen für das Kinderfest vorgesehen waren – als Stammhalter. Heute hat sich das aber glücklicherweise geändert und die Kinder werden gleichermaßen an dem Kindertag beachtet.

Auch als Glücksbringer ist der Koi bei den Japanern sehr beliebt. Die Koi sind in 16 Hauptarten und diese wiederum in unzählige Unterarten unterteilt. Der bekannteste ist der Tancho mit seinem unverwechselbaren roten Fleck auf dem Haupt, ihm folgt der Kohaku, ebenfalls ein weißes Exemplar mit einem roten Muster. Dahinter finden wir dann noch den Taisho-Sanke und den A-sagi. Die Faszination des Koi galt aber schon lange Zeit vor der Züchtung. Einer Sage nach waren nämlich einst viele Karpfen flussaufwärts unterwegs. Von diesen vielen Tieren schaffte es aber tatsächlich nur ein kleiner Karpfen, den Fluss zu bezwingen. Daraufhin seien die Drachengötter so beeindruckt gewesen, dass sie den kleinen Fisch in einen mächtigen Drachen verwandelt hätten.

Aber natürlich ist die Haltung der Koi auch von großer Popularität und der Koi gilt als Statussymbol. Für sage und schreibe 1,5 Millionen Euro wurde weltweit der teuerste Koi verkauft. Was sind das für Menschen, die diese Summe für einen Fisch ausgeben? Es sind die „Koi Kichi", die sogenannte Koi-Verrückten.

Was ist vor der Anschaffung zu überdenken

Nicht nur die Anschaffung selbst ist aufwendiger, als man zunächst denkt. Den richtigen Händler zu finden, kostet schon einiges an Ausdauer und Geduld. Möchten Sie nur im kleinen Stil Koi halten und nicht zur Zucht, dann können Sie den Kauf über privat an privat tätigen. Wenn Sie sich zur Zucht entscheiden, dann ist es von Vorteil, wenn Sie sich mit

Händlern in Verbindung setzen oder Messen besuchen. Dann sollte man sich im Klaren sein, dass die Haltung eines Koi sehr anspruchsvoll ist.

Bei artgerechter Haltung, guter Pflege, abgestimmter Fütterung, können die Tiere ein stolzes Alter erreichen. Unter Umständen trifft man bei der Anschaffung von einem Koi eine Entscheidung fürs Leben. In Ausnahmefällen ist ein Koi schon 70 Jahre alt geworden. Zwar ist dieses Alter bei einer Haltung im Gartenteich wohl kaum zu erwarten, dennoch müssen Sie eine lange Zeit viel Verantwortung und Zeit aufbringen, um die anspruchsvolle Pflege zu gewährleisten und dem Tier gerecht zu werden. Bei guter Pflege kann ein Koi 20–30 Jahre alt werden.

Der finanzielle Aspekt ist auch nicht zu unterschätzen. Im Laufe der Jahre kommen hohe Kosten für das richtige Futter, die Pflege des Teiches (incl. Filtersystem, Pumpe, Heizung, Beleuchtung etc.) und Tierarztkosten zusammen. Von den Anschaffungskosten der Fische mal ganz abgesehen. Dies ist allerdings abhängig davon, welchen Koi Sie sich zulegen möchten. Die Auswahl ist riesig, wie Sie später noch lesen werden. Das richtige Anwesen bzw. die richtige Größe des Gartens muss auch vorhanden sein. Für den Teich, darauf gehe ich später näher ein, muss ausreichend Platz gegeben sein.

Wie soll das neue Zuhause aussehen und wo soll es sich befinden?

Der Koi hat vom Aussehen her entfernte Ähnlichkeit mit dem Goldfisch. Ja, man kann ihn den großen Bruder des Goldfisches nennen. Dennoch bedarf der Koi einer besonderen Haltung, wie Sie in diesem Buch erfahren werden und, so die Experten, die Koi-Haltung ist nichts für Einsteiger. ABER: Jeder hat mal angefangen und mit genügend Input sollte die Haltung der Koi auch für Neulinge zu bewerkstelligen sein.

„Nicht zu Unrecht trägt der Koi den Namen ‚König der Gartenteiche'", sagt Josef-Herbert Fiege vom Verein der Koi-Liebhaber am Niederrhein. Das Besondere an diesen Tieren sind ihre Farben, die Form und die Größe. Da ein Koi eine imposante Größe von bis zu einem Meter erreichen und mitunter 20 kg schwer werden kann, kann man sich vorstellen, dass bei der Haltung eine Menge Fachwissen vorhanden sein muss, ebenso muss man in der Lage sein, die Tiere artgerecht zu halten. Hierbei ist nicht zu vergessen, dass die Tiere bei sehr guten Bedingungen ein stolzes Alter erreichen können. Koi wachsen sehr schnell und sind mit drei Jahren meist schon über 40 cm groß. Allerdings wachsen sie nach der Geschlechtsreife nicht mehr so schnell. Bei den Weibchen ist das nach dem vierten Lebensjahr und bei den Männchen ab dem dritten Lebensjahr.

Je größer der Koi ist, umso anspruchsvoller wird seine Haltung, wie man sich vorstellen kann. Vor allem benötigen sie im Laufe der Jahre viel und artgerechtes Futter. Die Fütterung ist allerdings von den Jahreszeiten und demzufolge von dem Stoffwechsel der Tiere abhängig. Zu der Fütterung komme ich in einem weiteren Kapitel.

Bevor Sie Ihren neuen Mitbewohner bei sich einziehen lassen, müssen Sie erst einmal grundlegende Informationen sammeln, die das Zusammenleben vereinfachen. Hier ist es leider nicht damit getan, dass Sie eine Anzeige schalten: „Ein Zimmer in einer sonnigen und lebenslustigen WG zu vermieten." Nein, Ihr neuer Mitbewohner, der Sie jahrzehntelang durchs Leben begleiten wird, benötigt einen ganz besonderen Platz an Ihrer Seite. Hier ist zunächst die Frage zu klären: Wohnt der Koi mit Ihnen unter einem Dach oder wird die doch eher typische Haltung in der freien Natur, im Gartenteich, bevorzugt? Wenn diese Frage geklärt ist, dann kann das neue Zuhause erbaut werden.

Bei der Indoor-Haltung, der etwas anderen Art der Koi-Haltung, wie z. B. in Restaurants vielerorts zu sehen ist, hat der Besitzer seinen Koi rund um die Uhr an seiner Seite. Auch Fische können zu echten Familienmitgliedern heranwachsen, genau wie Hund und Co. Der weitere Vorteil bei der Indoor-Haltung liegt hier ganz klar auch bei

der Tatsache, dass sich der Besitzer keine Gedanken über eine Außenüberwinterung aufgrund
niedriger Temperaturen machen muss. Ganz abgesehen davon, dass die Tiere bei der Außenüberwinterung einem gewissen Risiko, was ihre Gesundheit betrifft, ausgeliefert sind.

Kommen wir also zu der Planung und Umset-
zung des neuen Zuhauses. Es gibt grundsätzlich
viele Grundregeln, egal, ob Innen- oder Außenhaltung, die Sie beachten müssen. Die üblichen Fragen, die Sie sich stellen werden, sind: Wie groß
muss denn das Aquarium, Becken oder der Teich
sein und wie viele Tiere sollen eigentlich darin leben? Letzteres beeinflusst selbstverständlich die
Größe des Teiches oder Beckens. Zum Beispiel ein
Koi ab einer Größe von ca. 50 cm benötigt nicht
weniger als 1500 Liter Wasser, um genügend Platz
zum Schwimmen zu haben. Dies ist die Untergrenze.

Es wurde bereits im Vorwort kurz erwähnt,
dass eine gewisse finanzielle Sicherheit auch notwendig ist, nicht nur wegen des Kaufs, sondern
auch wegen Futter, Unterhaltskosten und nicht
zuletzt fallen auch bei einem Koi Tierarztkosten
an. Die Unterhaltskosten (technisch) spielen bei

beiden Haltungen auch eine Rolle. Hier sollte also gut durchdacht werden, was Sie sich als Käufer und künftiger Besitzer leisten können. Bei der Indoor-Haltung benötigen Sie zum Beispiel alle Elemente, die Sie auch für die Outdoor-Haltung benötigen würden. Also hier schon mal kein wesentlicher Unterschied, allerdings spielt bei der Innenhaltung die Hausrat- und Gebäudeversicherung eine Rolle, da Sie hier klären müssen, ob der Bau eines Beckens in Ihrem Haus überhaupt möglich ist.

Ist dies abgesegnet worden, dann geht es an den Bau des Beckens, wobei jetzt auch hauptsächlich die Optik ein Hauptaugenmerk sein wird. Hier sind der Fantasie keine Grenzen gesetzt. Schöne Bachläufe, Wasserspiele etc. sind hier Möglichkeiten, worauf Sie zurückgreifen können. Beispiele hierfür finden sich im Internet genügend. Auch gehören schöne Wasserpflanzen nicht nur zur Optik, sondern auch für die Tiere als Hilfe zum Ablegen der Eier. Vorsicht bei der Innenhaltung ist geboten – zum Thema Luftfeuchte und Schimmelbildung. Im Vorfeld ist eine gute Planung vorrangig anzuwenden und bei regelmäßiger Wartung der Anlage müssen Sie sich um diese Themen keine Gedanken machen.

Ratsam ist es, dass Sie sich bei Unsicherheit immer wieder den Rat eines Experten einholen, damit Sie Ihren Tieren gerecht werden können. Ein weiterer Aspekt ist die Beleuchtung. Im Außenbereich, wo das Sonnenlicht gegeben ist, müssen Sie sich darum jedenfalls keine Gedanken machen. Gerade das Sonnenlicht ist für das dauerhafte Wohlbefinden und die Farbentwicklung des Koi am besten. Bei der Innenhaltung greifen Sie am besten auf technische Hilfsmittel zurück. Hier gibt der Profi wertvolle Tipps. Entscheiden Sie, was am besten passt. Also egal, ob Innen- oder Außenhaltung, wichtig sind Ihre persönlichen Möglichkeiten, die Sie zu leisten bereit sind, um dem Koi ein schönes Leben zu ermöglichen.

Größe und Tiefe des Teiches

Obwohl die Tiere sehr groß werden können, befinden sich in den meisten Teichen eher kleine Exemplare, was daran liegt, dass viele Tiere nicht sehr alt werden. Dies wiederum liegt daran, dass der Teich nicht genügend gepflegt wird, sprich, dass das Wasser im Sommer kippt und infolgedessen die Tiere krank werden.

Bei der Fütterung werden auch häufig Fehler gemacht und es wird hierbei nicht auf den Stoffwechsel der Tiere geachtet. Oder der Teich friert im Winter zu, weil der Teich nicht tief genug ist und die Tiere deshalb keine Möglichkeit zum Überwintern haben. Also werden immer wieder kleine Koi nachgekauft. Sie sehen also, es erfordert viele Fachkenntnisse, um diesen Tieren gerecht zu werden. Zunächst empfiehlt es sich immer, sich von einem Experten beraten zu lassen, bevor zum Beispiel der Teich gebaut wird. Eine Teichwanne, die es meist in den Baumärkten zu kaufen gibt, ist in der Regel viel zu klein, um Koi darin zu halten. Diese Wannen sind mehr für die kleineren Exemplare, wie Goldfisch und Co., geeignet.

Der Lebensraum des Koi in Form eines Außenteichs im Garten unterscheidet sich in fast allen Punkten von einem Goldfischteich. Wenn für einen Goldfisch vielleicht eine Teichtiefe von ca. 80 cm ausreichend ist, sind allerdings die Anforderungen bei der Koi-Haltung in den Punkten Wasservolumen, Tiefe und Filtertechnik um einiges anspruchsvoller. Hier müssen Sie bedenken, dass Ihr Koi, wohlgemerkt bei artgerechter Haltung, eine sehr hohe Lebenserwartung hat und ein Jungfisch innerhalb weniger Jahre eine Größe von über 40 cm erreichen kann. Die Teichgröße spielt in Bezug auf die Größe des Koi allerdings keine Rolle, sondern eher das Volumen (siehe weiter unten im Text).

Zu bedenken ist aber, und das ist einer der wichtigsten Punkte überhaupt, dass ein ausgewachsener Koi eine Größe von über 1,00 m erreichen kann, natürlich unter idealen Bedingungen, die neben der artgerechten Haltung auch das nahrhafte Futter ist. Der Teich muss dementsprechend groß geplant werden. Platz in Ihrem Garten muss also unbedingt gegeben sein, zumal der Koi ein geselliges Wesen ist und man einen Koi nie allein halten soll. Am besten sind 5 Koi von der gleichen Größe.

Und jetzt noch ein Wort zur guten Kinderstube: Stellen Sie sich 5 Kinder im Flegelalter vor, die tagtäglich ihr Kinderzimmer verwüsten. So in etwa können Sie sich den Koiteich vorstellen, wenn die Vegetation nicht stimmt, denn dann ist die Verwüstung vorprogrammiert. Koi sind Allesfresser und fressen zur Not die letzte Alge auf, wenn nichts anderes vorzufinden ist. Beachten Sie, dass bei Temperaturen über 20 Grad der Koi, wie alle anderen Fische auch, viel mehr frisst. Ganz wichtig ist allerdings – neben all diesen

Punkten – die Beschaffenheit und die Größe des Teichs. Ein Miniteich darf also keine Option sein, sondern die Tiere benötigen, gerade in Anbetracht ihrer Größe, sehr viel Platz. Planen Sie daher pro Tier mindestens 1–2 cbm ein, was bei der Haltung von 10 Tieren ca. 15 cbm Wasser entspricht. Wobei wir hier allerdings bei 15.000 Litern von der Untergrenze sprechen, da das Volumen des Teiches auf die Größe der Tiere ankommt. Bei 6 Tieren mit einer Größe von ca. 60 cm ist ein Volumen von ca. 25.000 Litern angemessener. So, lieber Besitzer bzw. Käufer, jetzt haben wir das Volumen des Teichs erwähnt.

Was fehlt nun noch? Genau, die Tiefe des Teichs. Es ist von größter Wichtigkeit, den Teich genügend tief zu bauen, das sind ca. 1,80 Meter. Man muss bedenken, der Koi stammt ursprünglich aus subtropischen Regionen und fühlt sich somit bei niedrigen Temperaturen oder sogar Frost nicht wohl und sollte somit die Möglichkeit haben, in einem Teich, der über die richtige Tiefe verfügt, überwintern zu können. Auch, wenn der Teich an der Oberfläche zu frieren droht oder sogar friert, die Hauptsache ist, dass der Teich nicht komplett zufriert und dem Koi unter der möglichen

Eisfläche genügend Bewegungsraum hat. Eine weitere Möglichkeit bietet hier auch ein sogenanntes Quarantänebecken in einem frostfreien Raum. Zugegebenermaßen ist der Gartenteich aber dem Quarantänebecken für den Koi vorzuziehen. Aber wie bereits erwähnt, muss der Teich natürlich die erforderliche Tiefe aufweisen. Hier eine kurze **Checkliste,** was beim Teich zu beachten ist:

- Den Teich großzügig anlegen. Jedem Exemplar sollte genügend Platz zur Verfügung stehen. Ideal sind 5000 Liter Wasser pro Koi.

- Je höher die Besatzdichte, desto größer muss die Kapazität der Filteranlage ausfallen.

- Es sollten sonnige UND schattige Bereiche vorhanden sein.

- Bedenken Sie die Überwinterung der Koi. Der Teich muss eine Mindesttiefe von 1,80 m haben.

- Bei der Bepflanzung ist zu beachten, dass sie „koitauglich" ist. Sichern Sie Wurzeln gut gegen grabende Fische.

Der richtige Filter

Den passenden Teichfilter zu finden, ist natürlich abhängig von den Daten Ihres Teiches. Hierzu zählt das Volumen des Teiches und wie groß der Fischbesatz ist. Hier fragen Sie bitte einen Experten, der Ihnen dann genau ausrechnen wird, welche Leistung der Filter bringen muss. Man findet in der Gebrauchsanweisung zum Beispiel die Angabe, wie viel Wasser maximal von dem Filter gereinigt werden kann. Dies bezieht sich aber immer auf einen Teich, in dem sich keine Fische befinden. Sind Fische im Teich, verringert sich diese Angabe dementsprechend. Bei der Kaufentscheidung spielt noch ein

Punkt eine wichtige Rolle, und zwar die Menge an Wasser, die in einer gewissen Zeit durch den Filter läuft. Daran erkennt man, wie gut ein Filter arbeitet.

Die Energiekosten, sprich der Stromverbrauch, spielen natürlich auch eine nicht unerhebliche Rolle. Die Filteranlage läuft meist 24 Stunden durch. Da kann einiges an Kosten anfallen. Gerade, wenn es sich um einen größeren Teich mit einer entsprechend leistungsstarken Filteranlage handelt. Teichfilter ohne oder mit kleinem Fischbesatz: Wir kommen später noch zu dem Thema Fütterung.

Gerade bei der Fütterung ist es extrem wichtig, dass nicht zu viel Futter verfüttert wird. Zum einen benötigen die Fische nur so viel Futter, wie sie in fünf Minuten fressen können, zum anderen verschmutzt zu viel Futter den Teich. Ein Fisch scheidet selbstverständlich auch Kot aus. Dieser verschmutzt ebenso das Wasser. Hier bedarf es schon eines stärkeren Filters, um dieses Wasser sauber zu halten. Auch für große Koiteiche benötigt man einen leistungsstarken Filter. Am effektivsten sind hierfür Trommelfilter mit einem Modulfilter. Nähere und aufschlussreichere

Informationen wird Ihnen auf jeden Fall ein Experte geben können. Egal, für welchen Filter Sie sich entscheiden werden, die Hauptsache ist, dass der Filter auf Ihren Teich abgestimmt ist und den Bedürfnissen der Fische entspricht.

Warum eine Teichheizung?

In einem anderen Kapitel hatten wir bereits das Thema Überwinterung angesprochen. Die Koi können ohne Weiteres einen langen und kalten Winter in einem tiefen Teich überstehen. Bei einem zu flachen Teich allerdings empfiehlt es sich, sehr wohl eine Heizung zu installieren. Hier können sich die Fische nicht tief genug auf den Grund zurückziehen. Mit einer Teichheizung kann dem Koi das ganze Jahr über eine gleichbleibende Temperatur angeboten werden.

Selbstverständlich muss nicht extra erwähnt werden, dass dies mit weiteren Kosten verbunden ist.

Wenn Sie nun einen Teichbau planen und eine Heizung in Erwägung ziehen, gibt es natürlich verschiedene Möglichkeiten. Eine Möglichkeit ist der **Anschluss an die Zentralheizung**. Der Vorteil ist, wenn bereits beim Hausbau bekannt ist, dass ein Gartenteich eingerichtet wird, direkt eine Verbindung herzustellen. Es können auch zum Beispiel **Heizbänder** auf den Boden des Teiches verlegt werden. Die Installation ist sehr einfach und die Regelung erfolgt über einen Thermostat. Selbstredend besteht für die Teichbewohner keine Gefahr. Auch eine **elektrische Wärmepumpe** ist möglich. Diese wird parallel zum Teichfilter und zur Pumpe installiert. Den Teich auf diese Art nachzurüsten, ist recht einfach.

Diese Methode ist auch sehr energieeffizient, da nur 20 % der benötigten Energie aus dem Strom gezogen werden. Der Rest wird aus der Luft bezogen. Dies ist eine sehr umweltschonende Möglichkeit. Ganz wichtig zu erwähnen ist es, dass mit einer Teichheizung keine großen Temperaturschwankungen getätigt werden sollen. Dies verursacht unnötigen Stress bei den Tieren. Um den

Teich eisfrei zu halten, indem der Filter den Winter über durchläuft, genügt eine Temperatur von ca. 5 Grad. Die Fische ziehen sich auch in diesem Fall auf den Boden zurück. Ist der Teich aber zu flach, muss die Temperatur 12 Grad betragen.

Letzten Endes müssen Sie entscheiden, ob Sie sich für eine Beheizung des Teiches entscheiden, da dies auch mit weiteren Kosten verbunden ist. Natürlich kann auf eine Beheizung verzichtet werden, wenn der Teich tief genug gebaut ist, damit sich die Tiere im Winter auf den Boden zurückziehen können und der Teich mit nötigem Material vor einem Zufrieren gesichert werden kann. Materialien, die das Zufrieren des Teiches verhindern, finden Sie im Fachhandel. Beispielsweise gibt es Frostschutz aus Styropor. Das Styropor ist mit durchgehenden Löchern versehen. Durch diese Löcher werden Röhrchen gesteckt, durch die Sauerstoff in den Teich gelangt. Sie müssen lediglich darauf achten, dass diese Röhrchen an der Öffnung nicht durch Schnee, Eis oder Schmutz verstopft sind.

Koiteich anlegen – Schritt für Schritt

Bevor Sie mit dem Teichbau loslegen und dieser eventuell das übliche Maß überschreitet, klären Sie bitte erst, ob eine Genehmigung benötigt wird. Eine Absicherung oder Umzäunung des Teiches muss auf jeden Fall vorhanden sein, wenn Kinder das Grundstück betreten könnten. Der Gartenteichbesitzer darf nicht allein darauf vertrauen, dass die Kinder durch ihre Eltern beaufsichtigt werden. Höchste Beachtung beim Teichbau sollte das Filtersystem haben. Dies ist notwendig, damit die Wasserqualität und die

Wasserwerte für den Koi gut sind, denn das verlangt der Koi. Folgende Anschlüsse sind in der Nähe des Filters zu planen: zum einen die Wasserleitung, dann ca. 5 Stromanschlüsse und ein Abwasseranschluss.

Die Größe und Stärke des Filtersystems entscheidet über die Gesundheit Ihrer Tiere. Absolut sauberes Wasser ist das Nonplusultra für die Koi. Wichtig ist auch, dass Sie das Wasser immer wieder testen, ob die Werte noch angemessen sind. Hier die wichtigsten Werte: Säuregrad 7–8, Wasserhärte optimal 12, Carbonat-Härte optimal 8, Ammoniak optimal 0, maximal 0,15 mg pro Liter, Nitrit entsteht durch Bakterien im Filter optimal 0, maximal 0,10 mg pro Liter, Nährstoff für Pflanzen (Nitrat) maximal 100 mg pro Liter, Sauerstoffsättigung mindestens 60 %.

Der Teich benötigt idealerweise noch eine Pumpe, Beleuchtung, Belüftung und eine Heizung. Was allerdings eher Schwierigkeiten bereitet, ist die Temperatur, denn die Koi mögen am liebsten Temperaturen von ungefähr 20 Grad. Deshalb ist es ein guter Rat, im Herbst und Winter zu heizen, was aber ins Geld geht. Aus diesem Grund isolieren die meisten Koibesitzer, aber auch Besitzer anderer Fische, ihren Teich lediglich oder lassen ihn einfach zufrieren. Die Tiefe und das Volumen des Teiches haben wir schon erwähnt, allerdings sollten Sie beim Bau des Teiches mehr Volumen als 25.000 Liter einplanen, denn Sie sollten auch das Filtersystem, Heizung und die Wasserpflanzen einplanen. Der Teich wird am Rand mit einer Art Stufe versehen. Auf dieser Stufe, die flach, rund um den Teich verläuft, werden die Wasserpflanzen in Kübeln gesetzt. Außerdem sind die flachen Wasserzonen und die Pflanzen zur Laichhilfe geeignet. Hinter dieser Stufe bzw. Flachzone verläuft die Wand steil nach unten. Folgendes Material benötigen Sie für den Teichbau:

- Teichfolie und entsprechenden Kleber
- Teichvlies zum Schutz der Folie
- Ein gutes und leistungsstarkes Filtersystem
- Ein Bodenablaufsystem
- Wasserpflanzen

Einzelne Arbeitsschritte:

- Nachdem Sie die Form des Teiches festgelegt haben, heben Sie die Teichgrube mithilfe eines Baggers aus (vom Regen aufgeweichte Erde erschwert allerdings das Vorhaben)

- Der Boden muss zum Ablauf hin abfallen
- Wurzeln und spitze Steine vom Boden entfernen
- Filter einsetzen und Rohre verlegen (Filtersystem zusammen mit den Verbindungen mit dem Bodenablauf verbinden. Die Schläuche in Rohre verlegen und später mit Erde und Sand bedecken. Ablauf einbetonieren.
- Den Boden mit Teichvlies bedecken und hierüber die Teichfolie faltenfrei verlegen und an den notwendigen Stellen verkleben (genügend über den Rand überstehen lassen).
- Den Bodenablauf verbinden Sie mit der Teichfolie, indem Sie kreuzförmige Einschnitte über dem Ablauf in die Folie vornehmen. So wird das Einstecken ermöglicht, dann den Ablauf mit der Teichfolie sauber verkleben.
- Teich mit Wasser befüllen. Dies wird in mehreren Schritten gemacht. Erst wird der Teichboden befüllt und festgestellt, ob die Folie dicht ist. Dann wird der Teich zu 2/3 befüllt und das Filtersystem eingeschaltet. Den Rest des Wassers füllen Sie nach 2 Tagen ein. Dann wird eine Kapillarsperre von 20 cm Breite rund um den Teich angelegt, um zu verhindern, dass das Erdreich Wasser zieht. Die Kapillarsperre wird mit Folie ausgelegt und

anschließend dieser Bereich mit Kies bedeckt. Achtung! Den Teichboden wegen des Filtersystems bitte nicht bedecken.

- Nun kann der Teich mit Wasserpflanzen bepflanzt werden

Gutes Gelingen!

Andere Bewohner im Koiteich

Wer einen schönen Teich im Garten hat, der muss mitunter damit rechnen, dass auch andere Tiere den Teich besetzen. Hier hat man schon oft gehört, dass die Ringelnatter ein häufiger Gast ist. Diese Schlangenart gehört zu den besonders geschützten Tieren und darf daher nicht „belästigt, gefangen oder gar getötet werden", so im Gesetz formuliert. Im Bundesnaturschutzgesetz ist auch verankert, dass einheimische Arten von Fröschen und Kröten allesamt als besonders geschützt gelten.

Daher ist das Umsiedeln von Fröschen und Kröten sowie deren Laich nicht so einfach. Als streng geschützte Tiere gelten die Wechsel- und Kreuzkröte und der Laubfrosch. Diese 3 Arten sind vom Aussterben bedroht. Wenn sich diese Tiere in Ihrem Teich befinden, müssen Sie sich mit ihnen arrangieren.

Woher bekomme ich den Koi?

Nachdem Sie nun sehr gut vorbereitet und informiert sind, können Sie sich doch eigentlich Gedanken machen, woher Sie den Koi überhaupt bekommen. Hier stellt sich dann die Frage, woran erkenne ich einen guten und vertrauensvollen Händler? Welcher Händler ist auch, nachdem ich den Koi gekauft habe, in Zukunft für Fragen und Anregungen für mich verfügbar? Zunächst braucht es genügend Zeit, um einen seriösen Koihändler zu finden. Sie sollten den Koi auf jeden Fall bei einem

Fachhändler/Koihändler erwerben, der auch die notwendigen Tests, wie z. B. KHV (Koi-Herpes-Virus) oder CEV (Carp-Edema-Virus) durchführt. Jeder Händler sollte nach dem Import eine Quarantäne über mehrere Wochen durchführen, damit Krankheiten, die nicht sofort zu erkennen sind, zum Vorschein kommen.

Wichtig ist, die Anlage des Händlers zu überprüfen. Ein Augenmerk muss in jedem Fall auf die Hygiene geworfen werden und auf die Wasserqualität. Ist das Wasser trüb und riecht zudem stark nach Ammoniak, kann man dies hinterfragen, ich würde allerdings dazu raten, bei diesem Händler nicht zu kaufen. Die Koi selbst müssen natürlich auch begutachtet werden. Machen sie einen gesunden Eindruck? Reagieren sie auf Futter? Haben sie keine abstehenden Schuppen oder deformierte Flossen? Da die Körperoberfläche auch viel über den Gesundheitszustand des Koi verrät, sollten Sie sich den Koi in eine separate Wanne setzen lassen. Dann haben Sie die Möglichkeit, den Koi in Ruhe zu betrachten.

Wenn Sie sich dann vom guten Gesundheitszustand des Koi überzeugen konnten, geht es daran, ihn für den Transport vorzubereiten. Hier ist es wichtig, dass der Koi möglichst bis kurz vor der Abfahrt in das neue Zuhause im Becken verbleibt. Der Transportbeutel muss mit ausreichend reinem Sauerstoff versetzt sein und zusätzlich zum Schutz in einen Karton oder eine Kiste gelegt werden. In dem Beutel sollte sich immer mehr Sauerstoff als Wasser befinden. Der Karton oder die Schachtel muss lichtfest verschlossen werden, um Stress zu vermeiden.

Ganz wichtig ist, dass der Koi bei der Fahrt quer transportiert wird, um das Anschlagen der Schwanzflosse und des Kopfes zu verhindern. Sind Sie dann zu Hause angekommen, sollten Sie den Beutel ca. 30 Minuten auf dem Teichwasser schwimmen lassen. Dies lässt die Wassertemperatur angleichen. Nach und nach füllen Sie dann mithilfe eines kleinen Bechers Teichwasser in den Beutel ein. Der Beutel ist immer wieder zu schließen, damit der Koi nicht herausschwimmen oder -springen kann. Nachdem Sie wieder ein wenig gewartet haben, dann den Beutel öffnen und mit einem Kescher den Koi in den Teich umsiedeln. Empfehlenswert ist es, dass, obwohl Ihr Koi beim Händler schon mehrere Wochen Quarantäne hinter sich gebracht hat, auch jetzt wieder für einige

Zeit separat gehalten wird, um auch wirklich sicher zu sein, dass Ihr Koi keine Krankheiten hat.

Wie verhält sich ein Koi?

Genau wie andere Tiere hat auch ein Koi typische Verhaltensweisen, auf die im Nachfolgenden näher eingegangen wird. Der Koi ist kein Einzelgänger, ganz im Gegenteil, er ist sehr gesellig. Aus diesem Grund sollte auch der Koi nie allein gehalten werden, sondern am besten mit mindestens 4 anderen Tieren. In der freien Natur ist der Schwarm aber weitaus größer, was auch dementsprechende Vorteile mit sich bringt. Nähert sich zum Beispiel der Feind, so schwimmt der Schwarm schnell auseinander. Dies geschieht zum Schutz, denn damit ist die Wahrscheinlichkeit geringer, dass sie gefressen werden, und die Suche nach Nahrung geht leichter.

Im Gegensatz zu den frei lebenden Koi haben die Koi im Gartenteich keine Fressfeinde und auch das Futter müssen sie nicht suchen. Und dennoch sind der Instinkt und das Verhalten in den Tieren vorhanden. Die Kommunikation spielt wie bei uns Menschen auch bei den Koi eine Rolle. So sieht man immer wieder, dass ein neuer Fisch im Schwarm „begrüßt" wird. Allerdings beobachtet man auch sehr oft, dass zum Beispiel kleinere Tiere unter sich bleiben und mit den größeren nichts zu tun haben wollen. So gesellig der Koi auch ist, er liebt auch die Ruhe. Es gibt für ihn nichts Schöneres als einen ruhigen Teich oder See. Die Fortpflanzung findet wegen der angenehmen Temperaturen nur zwischen Mai und Juni statt. Allerdings muss der Besitzer hier aufpassen und die Eier, oder spätestens die Jungfische, schnell separieren, sonst werden sie leider als kleiner Leckerbissen verspeist.

Die unterschiedlichen Arten des Koi und woher sie stammen

Die imposanten Fische, die eigentlich Karpfen sind und die man auch „Könige des Gartenteichs" nennt, stammen ursprünglich aus dem Fernost. Sie kamen vor mehr als 2 Jahrtausenden aus Europa und Indien erst nach China und – man vermutet – erst 1000 Jahre später nach Japan. Heute werden sie auch vorwiegend in China und Japan gezüchtet. Über die Jahrhunderte hinweg galt der Karpfen als Nahrungsmittel für die Menschen. Der Grund liegt nahe: Der Karpfen war einfach zu züchten und auch die Haltung war einfach. Damals war der Karpfen ein unscheinbarer Kerl, seine Haut und die Schuppen waren schlicht und schwarz oder grau-braun. Es ist nicht mehr genau bekannt, wann die ersten Farbmutationen auftauchten.

Dann, in etwa um das Jahr 1800, wurde aus Japan von den bunten Koi-Karpfen berichtet. Um diese ungewöhnlichen Fische von dem bisherigen Koi zu unterscheiden, nannte man sie Nishigi-Koi, was so viel heißt wie „bunter Karpfen". Bis heute sind etliche Farbmutationen bekannt. Sie sind das Ergebnis einer langen, traditionsreichen Zucht sowie zielbewusster Selektion.

Sie haben sich nun entschieden, dass ein Koi zum neuen Familienmitglied wird, und Sie stellen sich vielleicht die Frage, welche Art von Koi es denn sein soll. Dann haben wir hier eine kleine Übersicht über die Koi-Varietäten, von denen es ca. 200 gibt. Für eine gewisse Grundordnung sorgen 16 Hauptvarianten mit mehr als 100

Unterformen. Von den Züchtern kommen immer wieder neue Varianten hinzu. Allerdings sind nicht alle für den Gartenteich geeignet. Nachstehend bekommen Sie einen Überblick über Varianten, die bei den „Gartenteichbesitzern" sehr gut ankommen. Wir beginnen mit dem **Tancho** – seine Grundform ist unverwechselbar, weil er an die japanische Nationalflagge erinnert. Er hat einen weißen Körper und das Besondere an ihm ist eindeutig sein Kopf, auf dem sich ein roter Fleck befindet. Allerdings werden die korrekten Bedingungen, wie der Fleck genau auszusehen hat, sehr selten erfüllt. Daher sind „echte" Tanchos sehr selten und dementsprechend wertvoll. Es gibt aber auch Tanchos, deren Fleck andere Formen hat, oder es befinden sich schwarze Flecken auf der Haut. Ein echter Tancho sollte dies aber nicht haben.

Showa – hübsche dreifarbige Farbvariante
Wer bunte Farben mag, hat mit dem Showa genau die richtige Wahl getroffen. Er hat ein schwarzweiß-rotes Schuppenkleid und seine Grundfarbe ist Schwarz, auf der sich wiederum weiße und rote Flecken befinden.

Der Showa zeigt sich in 6 verschiedenen Farbvarianten.

Beim Showa bildet sich erst allmählich nach dem Schlüpfen das Muster aus, denn er ist direkt nach dem Schlüpfen erst vollständig schwarz.

Sanke – weiße Grundfarbe mit drei Farben

Der Sanke hat genau wie der Showa drei Farben, wobei die Grundfarbe nicht schwarz, sondern weiß ist. Schwarz und Rot wird auf der Hautoberfläche verteilt. Allerdings ist es für die Zucht ganz wichtig, wo genau sich diese Flecken zu befinden haben und wo nicht. Dies ist genau zu beachten.

Auch der Sanke hat wieder verschiedene Farbmöglichkeiten, die als 6 Unterarten beschrieben werden.

Kohaku – in weiß-rot

Einer, der auch sehr begehrt ist, ist der Kohaku, mit seinen beiden Farben weiß und rot. Beide Farben sollten möglichst zu gleichen Teilen bestehen.

Wie soll es anders sein, auch der Kohaku wird in weiteren Unterarten geteilt. Hier ist einmal ein Zickzack-Muster in einer Unterart, dann spielen in den weiteren Arten die Anzahl der Flecken eine

Rolle. Es sind jeweils zwei, drei, vier oder fünf Stück auf dem Körper. Und eine Unterart ist eine Kreuzung mit dem Spiegelkarpfen.

Bekko – nichts anderes als ein Schildpatt, ...
... denn das bedeutet Bekko auf Japanisch. Die Grundfarbe ist weiß, rot oder gelb, auf der sich schwarze Flecke befinden. Aber am Kopf sollen keine sein.

Asagi – der mit den ungewöhnlichen Farben
Alle Blautöne sind vorhanden, mit etwas rot.

Shusui – ähnelt dem Asagi
Aber er hat keine Schuppen. Auf dem Rücken kann er schwarze, rote oder weiße Zeichnungen haben.

Utsurimono – der schwarze Elegante
Die schwarze Grundfarbe sollte dominant sein.

Koromo – der mit den speziellen Farben
Die Grundfarbe ist weiß mit roter Zeichnung, unter der sich schwarze oder blaue Schuppenränder befinden.

Aragoke – Schuppen mit Charakter
Aragoke bedeutet Drachenschuppen. Wie der Name schon sagt, sind hier die Schuppen von großer Bedeutung. Er ist gekreuzt mit verschiedenen Karpfenarten.

Goshiki – der mit fünf Farben
Es ist egal, in welchem Grundton und welche Farbe dominant ist. Auch die Zeichnung kann aus verschiedenen Farben bestehen, wie zum Beispiel, weiß, schwarz, rot, grau oder blau.

Hikarimoto – einfarbig und glänzend
Einfarbig und glänzend ist der elegante Hikarimoto. Diese metallisch glänzenden Schmuckstücke gibt es in verschiedenen Farbvarianten:

Chagoi – keine besonderen Farben
Aber aufgrund des schönen Glanzes kann er dennoch eine sehr elegante Erscheinung haben. UND dieser Koi kann handzahm werden.

Yamabuki – Goldene
Er ist gelb oder goldfarben. Die Schuppen sollen gleichmäßig sein und wie ein Netz aussehen. Da

er 80 cm groß werden kann, benötigt er im Gartenteich dementsprechend viel Platz

Kujaku – mit metallischem Glanz
Dieser Koi hat eine weiße Grundfarbe mit herrlichem metallischem Glanz und Schuppen wie Tannenzapfen. Das glänzende Weiß bildet einen tollen Kontrast zur roten Zeichnung. Er kann auch ein paar schwarze Flecke haben.

Karashigoi – ein senffarbener Riese
Der Karashigoi gehört zu den neueren Züchtungen und ist eine Kreuzung zwischen Kigoi und Chagoi. Er ist senffarben, nicht-metallisch. Auch er benötigt recht viel Platz, da er über einen Meter groß werden kann.

Kigoi – eher unspektakulär
Er ist durch sein Zitronengelb und durch das nicht-metallische eher unscheinbar. Dafür hat er eine schöne Form und kann eine enorme Größe erreichen. Es sind auch manchmal verschiedene Farbvarianten anzutreffen.

Kawarimono – der etwas andere
Der Kawarimono ist anders, allein durch die Tatsache, dass er keiner Zuchtform zugeordnet werden kann. Daher hat er auch keine bestimmten Merkmale. Er ist nicht-metallisch und hat keine spezifischen Farb- oder Mustermerkmale.

Kinginrin – ein Koi in edlem Glanz
Der Kinginrin ist nicht-metallisch, doch hat er eine reflektierende Schuppenschicht, die in edlem Gold oder Silber glänzt. Er weist über dem Rücken mindestens zwei Schuppenreihen auf. Bei diesem Koi wird nach seinen Schuppeneffekten unterschieden.

Konoko – das Rehkitz
Konoko ist der japanische Begriff für Rehkitz. Wie ein Rehkitz ist der Konoko gezeichnet. Über den gesamten Körper sind einzelne, farbig abgesetzte Schuppen verteilt. Bei diesen Karpfen werden verschiedene Farbvarianten unterschieden.

Butterfly – wie ein Schmetterling
Er zeichnet sich durch seine Farben aus, sondern auch durch die großen Flossen, die einem Schmetterling ähneln, daher der Name.

Fütterung

Die Koi haben keinen Magen, von daher muss das Futter möglichst leicht verdaulich sein. Der gerade Darm braucht für die Verdauung in etwa vier Stunden. In diesem Intervall sollte dann auch gefüttert werden. Allerdings nur bei sommerlichen Temperaturen, denn dann funktioniert der Stoffwechsel dementsprechend. Die Fütterung ist also abhängig von den Jahreszeiten.

Im **Frühjahr** erwacht der Koi aus seiner Winterruhe und mit steigenden Temperaturen beginnt der Stoffwechsel, wieder mehr zu arbeiten, und die Energiedepots müssen wieder aufgefüllt werden, die sich den Winter über geleert haben. Der Koi benötigt nun ein energiereiches Futter, damit er schnell wieder zu Kräften kommt, allerdings erst mal in kleinen Mengen. Genau wie wir Menschen benötigt auch der Koi nach den Wintermonaten Vitamine und Mineralstoffe wegen des Immunsystems. Das Futter sollte daher immunstärkende Zusätze haben. Die Futtermenge kann nun langsam wieder gesteigert werden, bis hin zu 1-mal am Tag.

Im **Sommer** steigt man dann auf eiweißreiches Futter um, das erstens gut verdaulich ist und zweitens die Tiere beim Wachstum unterstützt. Mit einer abwechslungsreichen Ernährung, wie z. B. Mückenlarven, Seidenraupen oder Bachflohkrebsen, kann man den Speiseplan erweitern, denn das liebt der Koi. Über das Lebendfutter gibt es auch ein größeres Futterangebot. Auf die Abwechslung sind die Fische auch angewiesen, denn Lebendfutter liefert die nötigen Proteine, Fette, Ballaststoffe und Vitamine. Hat das Teichwasser dann eine Temperatur von 15 Grad erreicht, läuft der Stoffwechsel wieder ganz normal. Jetzt kann der Koi wieder mehrmals täglich gefüttert werden. Aber Achtung: Futter, das nicht innerhalb von fünf Minuten gefressen wurde und im Wasser verbleibt, ist Gift für den Teich.

Und schon sind wir beim **Herbst** angekommen. Es gibt zwar mit Sicherheit noch ein paar schöne sonnige und auch noch warme Tage, dennoch sollte man nun schon langsam den Winter vor Augen haben und dementsprechend die Fütterung verändern. Gefragt ist jetzt weniger Fett, dafür mehr Proteine. Hier auch bitte wieder beachten, dass die Fütterung langsam weniger werden sollte, bis dann zum Spätherbst die Fütterung nur noch 1- bis 3-mal pro Woche stattfindet. Das ist sehr wichtig, denn die Verdauung wird bei niedrigeren Temperaturen langsamer.

Im **Winter** wird der Stoffwechsel immer langsamer. Solange die Koi zwar nicht mehr so schwungvoll, eher gemäßigt, aber dennoch umherschwimmen, werden sie auch noch gefüttert. Sie reduzieren ihren Stoffwechsel immer mehr. Wenn die Temperaturen noch etwas sinken, begeben sich die Koi zur Winterruhe auf den Teichboden. Für den Fall, dass im Winter gefüttert werden müsste, gibt es ein sogenanntes Sinkfutter, das gut verdaut wird.

Zudem stellt man sich aber auch die Frage, was ist, wenn man einmal nicht zu Hause ist und füttern kann? Diese Frage ist für eine kurzzeitige Abwesenheit von maximal 4 Tagen einfach zu beantworten, denn der Koi kann durchaus 4 Tage ohne Futter leben. Ist man jedoch längere Zeit nicht zu Hause, ist es absolut notwendig, jemanden zu finden, der die Fütterung und eventuell auch die Pflege vom Teich übernimmt. Wenn sich für die Fütterung niemand findet, kann man auch auf die moderne Technik zurückgreifen und sich einen Futterautomaten zulegen.

Beim Futterkauf sollte man darauf achten, keine zu großen Futtergebinde zu kaufen. Wenn diese einmal geöffnet sind, verlieren sie ganz schnell an Qualität. Es kann auch sein, dass sich wegen zu hoher Luftfeuchte Schimmel bildet. Entweder packen Sie das Futter zu Hause in licht- und luftgeschützte Behälter um oder Sie kaufen gleich im Fachhandel dementsprechend kleinere Gebinde. Auch muss unbedingt darauf geachtet werden, dass Frostfutter nur aufgetaut verfüttert wird. Denn Futter, das noch nicht aufgetaut ist, wird von dem Koi gierig verschlungen und wird dann im Darm erwärmt. Dies kann auf Dauer zu Schädigungen im Darm führen.

Die Anatomie des Koi

Beginnen wir bei dem Kopf. An dem Mund befinden sich die Barteln. Diese gelten als Geschmacks- und Tastorgane. Und hier sind auch die meisten Geschmacksknospen vorhanden. Mit seinen Barteln kann der Koi auch dort, wo seine Sehkraft etwas zu wünschen übrig lässt, Nahrung tasten und auch gleichzeitig schmecken. Es ist davon auszugehen, dass Fische die groben Geschmacksrichtungen süß, sauer, salzig und würzig erkennen. Aber Geschmacksknospen sind nicht nur an den Barteln, sondern auf der gesamten Körperoberfläche des Koi verteilt, somit kann der Koi mit seinem gesamten Körper schmecken.

Oberhalb des Mundes sind zwei Öffnungen. Dies sind die Nasenlöcher. Hier trägt das Wasser die Duftmoleküle, nicht wie beim Menschen die Luft. Diese reizen die Sinneszellen, die die Impulse an das Geruchszentrum im Gehirn weitergeben, wo dann die Sinneseindrücke verarbeitet werden. Der Geruchssinn ist zwar sehr gut ausgeprägt, dennoch erfolgt die Nahrungsaufnahme über den Geschmackssinn. Ähnlich wie bei uns Menschen ist beim Koi der Gleichgewichtssinn im Innenohr zu finden. Gehörsteinchen, die aus Kalkschichten gebildet werden, sondern sich im Innenohr ab und ruhen auf den Sinneszellen. Diese Sinneszellen schlagen Alarm, sobald sie in ihrer Ruhe gestört werden, und geben diese Alarmsignale an das Gehirn weiter. Befindet sich ein Koi in Seitenlage oder rücklings nach unten, kann man von einer Störung im Bereich der Sinneszellen ausgehen. Durch die Gehörsteinchen sind die Sinneszellen gut eingebettet und eine Schädigung kommt eigentlich nicht zustande, es sei denn durch äußere Gewalt, die dazu führen kann, dass die

Sinneszellen und das Nervensystem im schlimmsten Falle zerstört werden.

Bei den Augen angekommen, ist zu behaupten, dass der Koi kurzsichtig ist, denn alles, was mehr als zehn Meter entfernt ist, kann der Koi nur unscharf sehen. Trübes Wasser verschlechtert dies sogar noch. Des Weiteren ist das Auge ähnlich wie beim Menschen aufgebaut. In der vorderen Augenkammer befindet sich eine klare Flüssigkeit, dahinter befindet sich der Glaskörper. Die vordere Augenkammer ist mit einer klaren, durchlässigen Flüssigkeit gefüllt: dem Kammerwasser. Im großen Hohlraum dahinter ist der Glaskörper. Der Glaskörper hat die Aufgabe, das Licht auf die Netzhaut zu reflektieren. Auf der Netzhaut befinden sich die Stäbchen und Zapfen, die Sinneszellen. Die Stäbchen sind bei schwachem Licht gut zu gebrauchen, schaffen aber kein richtig scharfes Bild. Sie sind für das Schwarz-weiß-Sehen zuständig. Die Zapfen hingegen sind für die Arbeit im hellen Licht zuständig, schaffen scharfe Bilder und das farbliche Sehen.

Die Anzahl bzw. das Verhältnis der Stäbchen und Zapfen hängt stark von dem Lebensraum der Fische ab. Zum Beispiel haben Fische, die in tieferen Gewässern leben, deutlich mehr Stäbchen als Zapfen.

Menschen haben ihn, Säugetiere haben ihn und viele andere Fischarten haben ihn auch, nur der Koi hat keinen: den Magen. Im Normalfall gelangt die Nahrung in den Magen, wird dort in einen Speisebrei umgewandelt und dieser Brei gelangt dann unmittelbar in den Darm, wo er dann als Kot wieder ausgeschieden wird, – anders beim Koi oder beim Karpfen. Durch das Fehlen des Magens gelangt die aufgenommene Nahrung direkt in den Darm. Daher ist auch eine Fütterung mit mehreren kleinen Mengen über den Tag verteilt angemessen. Diese sorgt für eine gleichmäßige Belastung des Darms und eine daraus resultierende effektivere Nährstoffaufnahme und Verwertung.

Der Koi verfügt über ein Seitenlinienorgan. Dieses hilft dem Koi, sich im trüben oder sogar dunklen Wasser zu orientieren, denn die Sehkraft reicht hier nicht mehr aus. Das Seitenlinienorgan hilft bei der Wahrnehmung von Hindernissen jeglicher Art. Es kann Futter geortet werden. Es hilft dem Koi sogar, anhand des Flossenschlags zu erkennen, ob sich Freund oder Feind in seiner Nähe befindet.

Welche Krankheiten gibt es und wie erkenne ich, dass mein Koi krank ist?

Ich habe bereits erwähnt, dass Sie sich vor dem Kauf eines Koi dessen bewusst sein müssen, dass Tierarztkosten anfallen, wie bei der Haltung jedes anderen Tieres auch. Leider sind bei

Erkrankungen der Tiere meist die Besitzer selbst dafür verantwortlich. Es kann ein Parasitenbefall, schlechte Wasserqualität oder falsche Ernährung zu einer Erkrankung des Koi führen. Dann stellen sich hier die Fragen: Welche Krankheiten gibt es überhaupt und wie kann ich diese denn erkennen?

Zunächst einmal vorneweg: Man kann zu einem großen Teil selbst dazu beitragen, dass es dem Koi gut geht und er durch eine richtige Ernährung noch zusätzlich in seinem Autoimmunschutz gestärkt wird. In einem Teich befinden sich neben den natürlichen Parasiten auch Parasiten, die von außen (durch andere Tiere oder den Wind) eingetragen werden. Ist dies der Fall, wird ein Schutzsystem aktiviert, das es durch eine erhöhte Schleimproduktion verhindert, dass Parasiten sich anheften können. Dies ist ein energieintensiver Prozess, welcher für einen gesunden Koi kein Problem darstellt. Ist der Koi aber gesundheitlich durch verminderte Wasserqualität oder schlechtes Futter immungeschwächt, hat der Koi keine ausreichende Energie, um das Schutzsystem zu aktivieren. Somit ist der Koi nicht nur anfälliger für andere Krankheiten, sondern ein Befall von

Parasiten kann den Koi derart schwächen, dass es zum Tode führen kann.

Um Krankheiten zu erkennen, sollte man seinen Koi immer genau beobachten, um gegebenenfalls sofort zu erkennen, wenn es ihm nicht gut geht. Es gibt aber auch ganz viele andere Gründe, wodurch ein Koi erkranken kann. Ein großes Thema ist der Stress. Stress kann für einen Koi zum Beispiel bedeuten, wenn sie durch aggressive Artgenossen angegriffen werden. Stress bedeutet auch, wenn das Immunsystem ständig zu Höchstleistungen aufgrund eines mit Abwasserbakterien belastetem Teich gezwungen wird. Das Immunsystem bricht dann irgendwann zusammen. Was das bedeutet, weiß man als Mensch sehr genau, weil es bei uns ähnlich verläuft, dann ist der Weg frei für Infektionskrankheiten.

Auch lange Transportwege oder wenn der Fisch falsch transportiert wird, bedeuten für das Tier puren Stress, der krank machen kann. Ständige laute Geräusche in der Nähe vom Teich machen die Fische auf Dauer krank. Wie bekannt ist, lieben der Koi und auch andere Artgenossen nun mal die Ruhe.

Welche Krankheiten können vorkommen: **Pilzin-fektionen**: Pilze sind nicht immer gefährlich, können es aber werden, sobald die Schleimhäute betroffen sind. Vor allem Tiere, die schon aufgrund nicht korrekter Haltung, zum Beispiel schmutzigem Wasser, Unterkühlung o. Ä. anfälliger sind, sind von Pilzinfektionen eher betroffen als gesunde Tiere. Wenn dann erst mal die Schleimhäute angegriffen sind, breitet sich der Pilz schnell im ganzen Körper aus. Es bilden sich weißlich-graue, watteartige Beläge. Eine **Kiemenfäule** kann ebenfalls durch einen Pilzbefall entstehen. Das betroffene Kiemengewebe stirbt ab, weil die Durchblutung blockiert ist.

Dann gibt es noch die **bakterielle Flossenfäule**. Die Schwanzflosse entzündet sich zunächst, später auch die anderen Flossen. Sie sind blutunterlaufen, zerfasern und faulen dann ganz ab.

Die **bakterielle Kiemenfäule** äußert sich durch apathisches Verhalten und der Fisch hat keinen Appetit mehr. Ebenso hat er stark geschwollene Kiemen.

Die **infektiöse Bauchwassersucht** kann ein Koi bekommen, wenn er als bereits geschwächtes

Tier zum Beispiel verschimmelte Nahrung oder mit Bakterien verunreinigtes Wasser aufnimmt. Ist der Fisch betroffen, scheidet er schleimig weißen Kot aus. Im schlimmsten Fall löst sich die Darmschleimhaut ab. Leider gibt es für das Tier dann keine Rettung mehr. Erste Anzeichen sind abgespreizte Schuppen, ein aufgequollener Bauch und Glotzaugen. Hier kann nur noch ein Bad mit Antibiotika helfen, den weiteren Verlauf zu stoppen.

Eine **Erythrodermatitis** kann man durch dunkelrote, glatte Geschwüre mit einem weißen Rand auf der Haut erkennen. Diese Krankheit tritt vermehrt bei schuppenlosen Koi auf. Sie kann mit Sulfonamiden und Antibiotika behandelt werden.

Die **Fischtuberkulose** tritt unter beengten Raumverhältnissen, also in Aquarien, häufiger auf als in Gartenteichen. Man bemerkt sie lang nicht. Die Bakterien gelangen von außerhalb in den Teich. Dies kann durch die Teichpflanzen geschehen oder aber auch durch das Tier selbst. Hier sind auch die Fische betroffen, die schon durch Vitaminmangel, Schwächezustände o. Ä. vorbelastet sind. Hautentzündungen, Schwellungen sind die Folge dieser Erkrankung. Es kann aber auch das

Gegenteil sein, dass die Fische sehr an Gewicht an verlieren und abgemagert aussehen. Ähnlich wie bei dem Koi-Herpes-Virus ist auch hier Eile geboten. Erkrankte Tiere sollten direkt separiert werden, denn es sollte vermieden werden, dass ein Tier im Teich bei den anderen verstirbt.

Im Frühjahr tritt vor allem die **Frühjahresvirämie** auf, wenn die Wassertemperaturen langsam wieder ansteigen. Die Symptome und der Verlauf können sehr weitlaufend sein. Die Inkubationszeit kann von wenigen Tagen bis hin zu mehreren Monaten reichen. Es kann sogar sein, dass ein Fisch völlig unerwartet stirbt und überhaupt keine Symptome gezeigt hat. Symptome können sein: Bildung von Flüssigkeit im Körper oder Kiemenblässe.

Eine gefährliche und gefürchtete Infektion ist die mit dem Koi-Herpes-Virus. Auch hier kann die Inkubationszeit von mehreren Tagen bis zu mehreren Monaten reichen. Ist die Infektion erst einmal ausgebrochen, sterben alle betroffenen Koi binnen 2 Wochen. Infizierte Fische sind sofort zu isolieren. Die Krankheit ist meldepflichtig. Es gibt viele verschiedene Symptome und Krankheiten.

Hier ein kleiner Auszug, der Ihnen behilflich sein kann:

- Futter wird verweigert
- Der Koi scheuert über den Beckenboden
- Trägheit oder Schreckhaftigkeit
- Veränderte Atmung
- Verändertes Schuppenkleid
- Koi sondert sich von den restlichen Tieren ab
- Trübe Augen

Bestimmte Verhaltensweisen können auf eine Erkrankung hinweisen, dies muss aber nicht zwangsläufig sein. Schnappt ein Koi oder auch ein anderer Fisch zum Beispiel nach Luft, kann dies auch auf akuten Sauerstoffmangel hinweisen. In diesem Falle sollte Sie sofort die Belüftungspumpe anstellen. Soforthilfe bieten auch Sauerstofftabletten. Bei Sauerstoffmangel im Teich sollte die Erneuerung des Wassers in Erwägung gezogen werden. Wenn Ihnen eine Veränderung an Ihrem Koi auffällt, ist es notwendig, das auffällige Tier in Quarantäne zu nehmen und dann, besser einmal zu viel als einmal zu wenig, einen Tierarzt kontaktieren. Das Wohl Ihres Tieres sollte Ihnen am Herzen liegen.

Die richtige Behandlung

Koi haben ihren Preis und dementsprechend wichtig sollte es dem Besitzer sein, dass seine Tiere gesund und artgerecht gehalten werden. Dennoch kann es, wie zuvor beschrieben, passieren, dass ein Tier erkrankt. Die zeitnahe und richtige Behandlung ist nun vonnöten. Doch wie gestaltet sich die richtige Behandlung? Hierzu muss erst die Erkrankung erkannt werden. Erkennen Sie z. B. dunkelrote Einstiche an Ihrem Koi und verliert er an Gewicht, dann ist er von einer Fischlaus, hier handelt es sich im

Speziellen um die Karpfenlaus, befallen. Durch den Einstich dieses Parasiten gelangt Gift in den Körper des Koi und verursacht Lähmungserscheinungen. Außerdem saugt er Blut aus dem Fisch heraus. Hier helfen Fisch-Insektiziden und Kochsalzbäder und der Befall lässt sich gut behandeln.

Dann gibt es noch eine weitere typische und auch leider sehr gefürchtete Krankheit: das **Koi-Herpes-Virus**. Wenn Sie dies bei Ihrem Fisch erkennen, beispielsweise, wenn er Atemnot hat und Sie den Verdacht auf diese Erkrankung haben, dann müssen Sie schnell reagieren und den oder die erkrankten Fische aus dem Teich nehmen, bevor das Virus auch noch auf die anderen Fische im Teich übertragen wird. Denn leider gibt es bei dieser Erkrankung für Ihre Tiere keine Heilung.

Das Problem bei einer weiteren Krankheit ist, dass sie tatsächlich nur sehr schwer zu erkennen ist. Es handelt sich um die **Kiemenfäule**, bei der sich Pilze auf die Kiemen setzen. Aber Sie können dieser Krankheit sehr gut vorbeugen, indem Sie das Gewässer regelmäßig und korrekt pflegen. Ist der Fisch erkrankt, kann man mit Langzeitbädern mit Sulfonamiden erfolgreich entgegenwirken. Die **bakterielle Flossenfäule** ist nur zu Beginn mit einem Langzeitbad, zum Beispiel aus einer Kochsalzlösung, zu heilen.

Nachwuchs ist angesagt

Die Geschlechtsreife bei dem Koi ist erst nach mehreren Jahren voll entwickelt, bei dem Männchen ab dem dritten und beim Weibchen ab dem vierten Jahr). Eine Zucht ist in einem Aquarium allein aus Platzgründen schon nicht möglich. Im Frühjahr, zwischen Mai und Juni, wird abgelaicht. Weibchen bilden pro Kilogramm 100.000 bis 200.000 Eier jährlich aus. Nur gesunde Koi, die in einer optimalen Haltung leben, werden laichen, aber nicht unbedingt jedes Jahr. Ein hochwertiges Futter, das die Tiere stärkt, ist wichtig. Auch ist es sinnvoll, wenn mehrere sogenannt Laichhilfen in Form von Wasserpflanzen im flachen Bereich des Teiches geschaffen werden. Findet das Weibchen solche Plätze nicht vor, dann kann es den Laich nicht ablegen (Laichverhalten) und es kann zu einer Verhärtung im Körper kommen.

Bevor das Laichen beginnt, sollte der Besitzer besondere Schutzmaßnahmen an dem Teich treffen. Das „Vorspiel" geht nämlich recht überschwänglich zu. Damit sich die Fische dabei nicht verletzen bzw. ein Springen aus dem Teich verhindert wird, sollte beispielsweise ein Netz über den Teich gespannt werden. Pflanzkörbe, die scharfe Kanten haben, müssen ausgewechselt oder entfernt werden. Auch sonst ist darauf zu achten, dass keine Stellen vorhanden sind, wo die Koi stecken bleiben können (generell ist dies aber auch außerhalb der Paarung wichtig). In der freien Natur vermehrt sich der Koi genauso wie die anderen Karpfen. Das Männchen treibt das Weibchen an warmen Tagen und im flachen Gewässer vor sich her und stimuliert es, indem er ihr mit dem Maul in die Flanken stößt, zur Eiablage.

Das Ablegen erfolgt meist an den Wasserpflanzen, die sich im Flachwasserbereich befinden. Die Eier werden dann vom Männchen befruchtet. Damit hast sich das Ganze auch schon erledigt. Das Paar begibt sich wieder ins tiefere Gewässer und es gibt keine Brutpflege. Der Laich ist an den sogenannten Laichschnüren zu erkennen, die klein, rund und weißlich-gelb aussehen, gefolgt von einem unangenehmen Geruch, der aus das Fischsperma entsteht.

Nur zwischen 5 und 10 % der Eier werden sich entwickeln können, der Rest wird von den anderen Fischen als Futter verwendet. Der nach drei bis vier Tagen geschlüpfte Nachwuchs ernährt sich erst von seinem Dottersack und sammelt dann schon bald Plankton. Etwas anders verläuft die Vermehrung im Koiteich. Hier müssen erst ähnliche Verhältnisse wie in der freien Natur geschaffen werden. In erster Linie sind damit die Laichhilfen, die Wasserpflanzen, gemeint. Leider überleben nur wenige Wasserpflanzen in einem Koiteich und somit müssen Alternativen gesucht werden, die man in Form von künstlichen Laichhilfen im Fachhandel finden kann. Weitgehend spielt die Wasserqualität eine erhebliche Rolle bei der

Vermehrung. Stellt sich trotz der Laichhilfen kein Nachwuchs ein, sollte die Wasserqualität geprüft und ggf. der Filter erneuert werden.

Wenn es denn endlich funktioniert hat und die Jungfische schlüpfen, müssen sie so schnell wie möglich in ein separates Becken oder Behälter gesetzt werden. Wir haben zuvor von der Fütterung gesprochen. Hierzu gehört eine abwechslungsreiche Ernährung, zu der dann auch die kleinen Jungfische gehören, sofern sie nicht rechtzeitig aus dem Teich geholt werden. Selbst die Eltern würden sich über die kleinen Happen freuen und dies gilt es natürlich, zu verhindern. Bestenfalls sollten bereits die Eier in ein separates Becken verlegt werden, damit diese nicht auch schon gefressen werden.

Wie in der freien Natur ernähren sich die Kleinen von ihrem Dottersack und später wird ihnen dann spezielles Planktonfutter verfüttert. Wenn die Jungtiere ein paar Wochen alt sind, lässt sich schon ersehen, in welche Richtung die Farbentwicklung geht. Die Farbe kann sich aber dennoch deutlich verändern. Die Farbe kann also entweder so bleiben oder kann in eine ganz andere Richtung umschlagen. Da kann man sich überraschen lassen. Eventuell bleibt sogar grau-blaue Farbe, an der man sehen kann, dass der Koi vom Karpfen abstammt, bzw. einer ist, oder Gelb wird zu einem Orange, die schwarzen Flecken verschwinden wieder, aus Orange wird später ein schön leuchtendes Rot. Alles ist möglich.

Bei den Zuchtbetrieben wird schon sehr früh ausselektiert. Hier wird geschaut, welche Größe und auch Farbe nicht in das Farbspektrum des Betriebes passt. Jeder Koi-Liebhaber hat natürlich auch seine individuellen Farbvorstellungen. Diese werden bei der Selektion auch berücksichtigt.

Wir fassen also zusammen: Je mehr der Koi den Vorstellungen der Koi-Freunde entspricht, je ungewöhnlicher die Färbung des Tieres und je ausgefallener die Schattierung oder das Farbmuster ist, desto höher steigt der Wert des Tieres, wenn er denn mal älter ist. Wie schnell der Koi wächst, hängt nicht nur vom Futter, sondern auch von den Gegebenheiten der Haltung ab, sprich von der Größe des Teiches, der Temperatur des Wassers und letztendlich auch von der Wasserqualität ab. Die Jungfische sind schnell ca. 7 cm groß und werden dann bereits an Zuchtbetriebe verkauft. Nach der Geschlechtsreife wachsen die Tiere deutlich langsamer.

ANLEITUNG ZUR ANZUCHT

Sobald die Larven schwimmen, kann man mit der Zufütterung beginnen. Diese sollte fünf- bis siebenmal am Tag bei einer Wassertemperatur von ca. 21 Grad erfolgen. Achten Sie auf die Ammonium- und die Nitrit-Werte im Wasser. Das Wasser muss regelmäßig gewechselt werden, am besten weiterhin Teichwasser. Nach vier Wochen werden dann die zu kleinen Fische aussortiert. Die Nahrung kann nun schon auf Koifutter umgestellt werden. Dies aber unbedingt zermahlen. Nach ca. drei Monaten kann das normale Koifutter gefüttert werden. Sind die Fische ca. 5 bis 7 cm groß, können sie in den Gartenteich umgesetzt werden.

Was ist beim Kauf und Verkauf zu beachten?

Wenn Sie ein Fischzüchter sind, gibt es mehrere Möglichkeiten, um Koi zu verkaufen, damit der Fischbestand in Grenzen bleibt. Je nachdem, wie groß die Anzahl der zu verkaufenden Koi ist, können diese über Händler angeboten werden. Alternativ kommen Zoogeschäfte in Betracht. Hier werden aber meist nur kleinere Exemplare verkauft. Werden die

Fische aus privaten Zwecken gezüchtet, bietet sich der Verkauf von privat zu privat an. Im Internet wird man auch fündig, wenn es um den Verkauf von Koi geht. Allerdings ist es auf diese Weise eher schwierig, da man die Umgebung, in der ein Koi gehalten wird, nicht kennt. Hier muss man sich auf die veröffentlichten Fotos und auf das eigene Bauchgefühl verlassen. Wenn der Händler sich nicht zu weit weg befindet, wird generell zu einer Besichtigung der Tiere empfohlen. Sauberes Wasser = gesunder Koi.

Ein Teichfilter ist dabei behilflich, die Werte, wie pH-Wert, Nitrit-Wert und Ammoniak-Wert konstant zu halten. Bei nicht korrekter Haltung können die Fische von Parasiten und anderen Krankheitserregern befallen werden. Wenn Sie sich zum Verkauf entschieden haben, prüfen Sie, ob Ihnen an Ihren Tieren Veränderungen an der Hautoberfläche oder dergleichen auffallen. Auch muss auf Verletzungen oder entzündete Stellen geachtet werden. Zum Beispiel tritt ein sichtbarer Pilzbefall bei nicht korrekter Haltung auf. Noch stärkere Anzeichen für kranke Tiere sind Apathie und Abmagerung. Solche Fische sollten nicht mehr zum Verkauf angeboten werden.

Sprechen Sie, sofern Sie unsicher sind, am besten erst mit Ihrem Tierarzt. Dieser kann entsprechende Untersuchungen durchführen und Sie sind dann auf der sicheren Seite, dem Käufer keine kranken Tiere übergeben zu haben. Ob nun beim Verkauf oder beim Kauf, achten Sie stets darauf, dass der Koi die normalen Verhaltensweisen aufzeigt. Es spricht auf jeden Fall für den Verkäufer, wenn man sich über einen längeren Zeitraum die Fische ansehen kann, um eventuelle Krankheiten ausschließen zu können.

Wer allerdings mit der Koi-Zucht Geld verdienen möchte, dem ist zu raten, dementsprechende Messen zu besuchen. Hier kann man sich bei Experten über das Thema Zucht informieren. Man bekommt Ratschläge und Tipps aus erster Hand und kann das eine oder andere dazulernen. Für den Wert eines Koi sind drei Faktoren ausschlaggebend: die Färbung, der Körperbau und die Qualität der Haut. Wenn dies alles perfekt ist, kann der Preis bei Auktionen in die Höhe gehen. Echte Liebhaber der schönen Fische sind bereit, einen hohen Wert für einen Fisch zu zahlen. Hier muss man aber auch erwähnen, dass die langjährige Pflege und die artgerechte Haltung ebenfalls sehr teuer ist. Ebenso müssen für das Anlegen einer Extraanlage für die Zucht auch mehrere tausend Euro eingerechnet werden.

Beim Verkauf ist es immer gut, wenn Sie Papiere vorweisen können, die die Qualität der Zucht belegen. Auch sollte für den Käufer stets ohne Anfrage die Einsicht in die Unterlagen möglich sein. Dies ist der originale Herkunftsnachweis der zu verkaufenden Tiere und ein tierärztliches Gesundheitszeugnis. In dem Gesundheitszeugnis wird der Nachweis erbracht, dass bei dem zu verkaufenden Koi eine Virenuntersuchung (KVH) gemacht wurde.

Das Aussetzen von Teichfischen

Ich habe mich neulich gewundert, als ich einen Koi in einem See gesehen habe. Leider ist es immer wieder so, dass Teichfische, und hier spielt es auch eine untergeordnete Rolle, welche Fische dies sind, in natürlichen Gewässern ausgesetzt werden. Es handelt sich entweder um die Auflösung eines Teiches oder erkrankte Tiere werden einfach ausgesetzt. Das Aussetzen eines Tieres ist ethisch mehr als fragwürdig. Der Besitzer entzieht sich seiner Verantwortung, die er beim Kauf des Tieres übernommen hat, und

„wirft" das Tier einfach weg. Dies ist ein Verstoß gegen das Tierschutzgesetz § 3 Abs. 3.

Der Tod des Koi

Es ist nun leider der Lauf des Lebens ... ein geliebtes Familienmitglied, so auch der Koi, muss uns irgendwann verlassen, obwohl der Koi unter sehr guten Bedingungen sehr alt werden kann und den Besitzer eventuell dann sogar überlebt. Dennoch kann es sein, dass man sich, schneller als einem lieb ist, von seinem Tier verabschieden muss. Wir wissen mittlerweile aus früheren Kapiteln, dass ein Koi wegen schlechter Haltung und daraus bedingter Krankheit schon nach kurzer Zeit sterben kann. Ist dies nun leider geschehen und der Koi ist verstorben, stellt sich natürlich die Frage, wohin mit dem Tierkörper.

Wie wir wissen, kann ein Koi zu stattlicher Größe heranwachsen und ist dann dementsprechend schwer. Unter bestimmten Voraussetzungen können nen Tier im eigenen Garten begraben werden. Nur muss der Besitzer einen Mindestabstand von 2 m zum Nachbargrundstück einhalten und der Tierkörper muss 50 cm tief vergraben und mit Erde bedeckt werden. Natürlich ist dies in Wasserschutzgebieten nicht erlaubt und auch dann nicht, wenn meldepflichtige Krankheiten bestehen. Daher müssen Koi, die zum Beispiel an KHV versterben, über die Tierkörperbeseitigungsanlage der Gemeinde entsorgt werden. Der Besitzer erhält in diesem Fall auch einen Nachweis über den Verbleib des Seuche-kranken Koi. Dies ist im Tierseuchengesetz so verankert.

Eine weitere Möglichkeit bietet sich über den eigenen Tierarzt, dem der Besitzer über vielleicht Jahre hinweg schon Vertrauen geschenkt hat. Dieser wird sich dann des verstorbenen Tiers annehmen und sich um die korrekte Vorgehensweise kümmern.

Schlusswort

Lieber zukünftiger Besitzer eines der wundervollsten und imposantesten Fische der Welt: Ich hoffe, Sie konnten die Informationen nutzen, um sich Ihre Entscheidung ein wenig einfacher zu machen. Ich bin mir sicher, Sie werden Ihren Tieren ein wundervolles Zuhause bieten. Seien Sie sicher ... Ihre Tiere werden es Ihnen danken.

Ich wünsche Ihnen viel Erfolg.

Herstellung und Verlag:

BoD – Books on Demand, Norderstedt

ISBN: 9783754379721

1. Auflage

Kontakt: Psiana eCom UG/ Berumer Str. 44/ 26844 Jemgum

Covergestaltung: Fenna Larsson

Coverfoto: depositphotos.com